Fan

vilken tunn bok om svordomar.

Förord

Jag har tidigare släppt en kokbok med titeln "Kokboken för dig som är lite ny i köket". Boken fick mycket positiv respons och blev något av en succé. Inte en succé på det viset att jag fick ta plats i morgonsoffan på tv4 och prata husmanskost, mera en succé på det viset att nära och kära köpte boken och två bibliotek har tagit in den i sitt sortiment. Kokboken hittar du i sortimentet hos alla nätbokhandlare med självaktning.

Att läsa en bok utan bakgrundsmusik är som att svära i kyrkan tycker jag. Denna bok avnjutes bäst till tonerna av "Toccata och fuga i d-moll", som är ett orgelverk av Johann Sebastian Bach skrivet mellan 1703 och 1707. Spela den, vi lär oss bättre ju fler sinnen som är inkopplade i lärandet. Verket är 9 minuter och 27 sekunder långt, vilken är ungefär den tid som det tar att läsa denna tunna bok om du inte fastnar vid att titta på bilderna.

Sedan min debut som författare har trycket varit stort, många har ropat efter en uppföljare. Jag fick lite skrivkramp och hittade inte riktigt inspiration till en andra kokbok och började därför att tänka utanför köket (min komfortzon). Min tro är att man aldrig ska försöka upprepa en "hit", det blir aldrig lika bra igen. Att för mig skriva en kokbok igen hade nog varit lika dömt att misslyckas som det hade varit för Carola att släppa en "Främling II". Se denna bok som min "Tommy tycker om mig", nytt och fräscht men lika bra som debutverket. Känner du inte igen mina musikaliska jämförelser hittar du dessa på Spotify och liknande tjänster. Jag föreslår att du köar bägge popdängorna direkt.

Utan en förstående familj hade denna lilla bok säkerligen inte kommit till, tack Jenny, Ludwig och Jacob! Jag svär nog för ofta, men ni låter mig göra det.

Till sist, ett stort tack till dig som väljer att läsa min bok! Jag hoppas att du finner ämnet lika jäkla intressant som jag gör!

/Rickard

P A R Ljunggren

FAN

VILKEN TUNN BOK OM SVORDOMAR.

Impressum

© 2023 Rickard Ljunggren

Illustration: Omslagsfoto: Framsida Rickard Ljunggren, baksida Pixabay
Övriga bilder: Rickard Ljunggren, Pixabay
Korrekturläsning: Angelika Wikström

Förlag: BoD – Books on Demand, Stockholm, Sverige
Tryck: BoD – Books on Demand, Norderstedt, Tyskland

ISBN: 978-91-8027-984-0

Innehållsförteckning

I

1. Inledning

Denna eminenta bok har hämtat sin inspiration ur vår samtid. Bakom oss har vi två år av pandemi med sjuk- och VAB-dagar som dränerat hushållskassan, en social kalender glesare än luggen på en ålderstigen vaktmästare, hemska tester att trycka långt upp i näsan och en i princip ständig husarrest. Nu lever vi i en tid med ofred i Europa, covid-19 som inte riktigt vill släppa greppet om oss, elräkningar högre än Duplantis personbästa, skånsk "vinter" med evigt mörker och nollgradigt regn, räntehöjningar med fjorton dagars mellanrum, ett Gyllene Tider som bekräftat ny turné till sommaren och en ständig brist på vårdpersonal. Allt sammanfattat fick mig att tänka på ett gammalt svenskt uttryck jag hörde redan som liten.

"Fan också."

Foto: Rickard Ljunggren

Nog om detta, egentligen gillar jag inte att klaga. Man ska alltid försöka tänka positivt, livet blir lite roligare då. Vi lever ju även i ett tidevarv med lågkonjunktur, nättroll, berg av ratade fidgetspinners på soptippen, epadunk på topplistorna, amorteringskrav, vinterkräksjuka och "Så ska det låta" på tv.

"-*Grab 'em by the pussy*". Donald Trumps språkbruk ekade över hela världen 2016. För mig kom det som en smärre chock att en någorlunda fungerande demokrati kunde ha en presidentkandidat som offentligt uttryckte sig på detta grova vis. Min chock över att han inte förlorade mera anseende och fler väljare än vad han gjorde var ännu större. Han vann till och med valet! Kan någon tänka sig en kampanjande Reagan eller Kennedy använda detta uttryck eller något som ens är hälften så grovt? Det hade blivit en skandal av samma dimension som Whatergate skulle jag tro.

Men tiderna förändras, så även vår syn på svordomar och kraftuttryck. Svordomar i det gamla Sverige var ofta urvattnade versioner av originalet då man var försiktig med att svära. "Attan" är ett typiskt svärord från svunna tider, där attan användes som en mera lagom ersättning för den egentliga svordomen. Mer om detta längre fram.

Idag svär vi nog mer än någonsin och framförallt i sammanhang som man undvek förr. Idag finns det dessutom ytterligare ett sätt att svära på och ändå inte svära. Man svär helt enkelt på ett annat språk än svenska. I Sverige svär vi gärna på engelska, särskilt den yngre generationen använder inlånade ord som "fuck" eller uttryck som "what the fuck". Detta kan vi nog tacka populärkulturen för. Mycket musik och film är på engelska, på Youtube och sociala medier är engelska det vanligaste språket. Det känns antagligen mindre laddat att använda än vårt svenska ord med samma betydelse, ordet "fuck" fungerar numera i de flesta sammanhang. Ett frekvent användande har nog gjort ordet mindre laddat. En film kan heta "Fucking Åmål", en bok kan heta "Aldrig fucka up", låtar i Melodifestivalen kan ha ordet "fuck" i sin text och i just detta program har vi på bästa sändningstid blivit välkomnade av en programledare som använde uttrycket "Melo-fucking-difestivalen". Det blev tittarstorm när uttrycket "Melo-fucking-difestivalen" användes och till och med fick vara med i programledarnas pausunderhållning, men tänk er stormen om de istället använt sig av ordet "knulla" i refrängen och välkomnandet. Skillnaden är stor i hur grovt vi upplever det svenska och det engelska ordet, jag reagerade själv mer när jag i detta stycke skrev "knulla" än när jag skrev "fuck" och "fucking" upprepade gånger. Som ni märker använder jag citattecken (") till svordomsglosorna i texten, perfekt för dig som svär så ofta att du inte längre vet vad som är ett svärord och vad som inte är det. Varsågod! Eller skärp dig! Välj själv. Titlar på filmer och låtar har också fått citattecken, min förhoppning är att du kan skilja på dessa och det som din mamma kallade "fula ord". Fråga någon i din omgivning om du är osäker.

En populär variant att använda sig av när det känns relevant att smyga in ordet "fuck" i en mening är att använda sig av uttrycket "motherfucker". Det finns på svenska också, då som ordet "mammaknullare". Användandet av "mammaknullare" har nog inte riktigt lyft, det är säkert coolare eller mera lagom att säga det på engelska. En parantes kan vara att den amerikanska skådespelaren Samuel L. Jackson i princip byggt sin karriär på att spela hårdkokt man som med eftertryck säger "motherfucker" med jämna mellanrum. Inget ont om honom, det är en bra skådespelare men han spelar ungefär samma roll rätt ofta och hans catch phrase återkommer varje gång. En rolig pastisch på Samuels skådespeleri hittar du i den svenska filmen "Kopps". Se den! Här sätter vi punkt för engelska svordomar, det är lite utanför ramen jag satt för denna lilla bok om svordomar. "Motherfucker" smyger oss osökt vidare till nästa sak som boken inte ska handla om.

En annan form av svordomar som jag tänkte att boken inte skulle handla så mycket om är könsord och liknande. Många använder könsord, kroppsdelar och ord för olika sexuella aktiviteter (med din mamma?) som svordomar. Särskilt vanligt är nog ord som i andra sammanhang används för de som prostituerar sig eller olika namn på kvinnliga könsorgan. Varför är det så? Handlar det i grund och botten om unken kvinnosyn?

Antagligen, men boken ska inte handla om patriarkatet eller sunkiga värderingar. Dessa svordomar tänkte jag låta passera förbi hyfsat obemärkt. Du får helt enkelt leta upp dessa okvädningsord och uttryck i en bok om anatomi eller i en Harlequinroman istället. Alternativt kan du söka på olika forum där man kan förvänta sig att hitta mansgrisar om mina första två tips inte gav napp. Leta i så fall upp ett forum som lockar dessa till sig, ventilera en åsikt som får anses någorlunda modern och jämlik och anteckna de glåpord som dyker upp i flödet.

På svenska kan svordomar vara exkrementrelaterade. Detta väljer jag också att hoppa över då jag tycker att det är skittråkigt. Jag är absolut en rätt barnslig person, men jag tänkte låta bli att hamna i träsket med kiss- och bajshumor.

En annan sorts svordom är hädelser, alltså att använda Guds namn i nedsättande syfte. Exempelvis kan man använda sig av kraftuttrycket "herregud" eller "Jesus Kristus". Är du lite yngre eller en boomer som vill låta ungdomlig använder du kanske dig av förkortningen "OMG"? Även detta ska boken nästan hoppa över, inte för att jag är troende utan för att jag tycker att det är rätt tråkigt att skriva om. Lite Jesus-ersättningar hittar du i slutet av boken, det är allt.

Många svordomar tappar kraft efter hand. När vi hört det laddade ordet tillräckligt många gånger tappar ordet styrka, det har helt enkelt blivit lite urladdat. Det som förr var ett rejält kraftuttryck som man knappt vågade yppa i andras närvaro är idag något som vi kanske använder när vi vill svära lite ironiskt. Uttryck och skällsord med botten i rasismen har gjort en baklänges resa, dessa är mer tabubelagda än någonsin. Boken kommer inte att ta upp detta sätt att svära på, det är ord som jag inte vill upprepa i tal eller skrift.

I en tidig studie av svordomar påstod Ashley Montagu (brittisk-amerikansk antropolog) att "praktiskt taget kan alla ord fungera som en svordom". Jag håller med honom, det är rätt omöjligt att sätta gränsen för var ett ord slutar och en svordom börjar. Hur du använder ordet är enligt mig viktigare än ordvalet, när det gäller att avgöra om det var en svordom eller ej. Kapten Haddock i seriealbumen om Tintin gjorde det till en konstart att svära, vissa skottsalvor nådde nästan poetisk nivå trots att inga svordomar egentligen användes. Han förnyade sig dessutom rätt ofta, förutom vissa "anfäkta och anamma" och "bomber och granater" så bjöd han på ny prosa efter hand. Riktigt så uppfinningsrika är kanske inte vi andra, vi återanvänder samma favoriter om och om igen. Just dessa svordomar, eller icke-svordomar, tänkte jag också lämna utanför boken då boken annars skulle innefatta i princip de flesta ord du hittar i en ordlista. "Krabbsaltade tångräkor!" tänker kanske du?

Du svär säkert ibland och jag svär ibland. Jag svär antagligen oftare än jag tror, kanske gör du också det. Alla svär, bara rätt tillfälle och rätt sällskap (inget sällskap?) ges. Dina föräldrar svor säkerligen rätt ofta under din uppväxt, även om de kanske undvek att göra det i din närhet. Som liten blev du säkert tillsagd om du svor, vilket är lite konstigt. De vuxna borde kunna lägga band på sig och inte svära när de känner ett behov, men det begär man som förälder inte av sig själv. Däremot begär man att barnen ska låta bli att svära, det låter ju så illa när barn svär... Googlar du på "barn som svär" får du upp en väldig massa artiklar, råd från barnpsykologer, rop på hjälp i familjeforum och liknande. En barnexpert hamnade en gång i blåsväder då hon gav föräldrar rådet att hota svärande barn med att tvätta munnen med tvål! Hotet skulle levereras med glimten i ögat, men det är ju inte alltid barn uppfattar subtila signaler eller förstår ironi.

Foto: Pixabay

13

Att svära är socialt laddat, vilket innebär att den som svär drar till sig andras uppmärksamhet. Ett svärande barn drar till sig ännu mer uppmärksamhet, barn som svär anses ouppfostrade och vi tycker att det låter väldigt grovt. Fan rätt konstigt resonemang om du frågar mig. Minderåriga förväntas vara bättre än vuxna på att behålla fattningen eller på att prata någorlunda belevat. Barn tar efter oss vuxna, någonstans har de fått sina svordomar ifrån. Googlar du på vuxna som svär och vad man kan göra åt detta hittar du inte så mycket. Vi försöker helt enkelt inte längre uppfostra den som anses ha uppnått vuxen och förståndig ålder. Så fort mamma och pappa inte längre bestämmer över dig är det fritt fram att låta som kapten Svartskäggs ouppfostrade papegoja.

Foto: Pixabay

Att "svära som en sjörövare" är ett gammalt uttryck som säkert bottnar i att gamla sjöbusar var rätt råbarkade och förvildade. Frågan är hur det var för minderåriga sjörövare? Fick dessa svära obehindrat? Jag gissar på nej.

När jag julen 2022 filar på detta litterära mästerverk cirkulerar det ett roligt klipp på sociala medier med en liten flicka i huvudrollen. Det glada lilla flickebarnet ser en get utanför bostaden och utbrister glatt "a fucking goat outside". Mamman rättar henne och berättar att det är "just a goat", men flickebarnet envisas och upprepar sin svordom. Klippet är så roligt och tokigt att vi (föräldrar mest?) måste dela det så att alla andra också får vara med och skratta. Så konstigt är det med svärande barn! Inte ens en svärande president får samma virala uppmärksamhet, vilket är ett tecken på en skev samtid. Ändå är en amerikansk president numera så pass gammal att han i princip står med en fot i graven. Självklart borde han ha lärt sig att veta hut!

Att i princip ha nolltolerans mot svärande barn samtidigt som man själv ibland spyr svavel i alla riktningar är egentligen lite orimligt. Vi använder svordomar för att krydda och förstärka språket, samma behov har väl våra barn ibland? Med det sagt så är jag inte bättre själv. Jag svär, jag säger till mina barn om de svär. Det gör jag så ofta jag orkar och jag orkar nog säga till rätt ofta. Vi sätter punkt där, detta är inte en bok om barnuppfostran. Den boken finns det andra som är bättre lämpade till att skriva än vad jag är.

Foto: Pixabay.

2. Det som boken ska handla om

Svordomar har alltid funnits i våra liv. Det är ord som fastnar direkt hos barn. Alla har vi råkat svära i närheten av en treåring som, trots ett i övrigt litet ordförråd och begränsade språkkunskaper, direkt snappar upp det nya ordet och upprepar det i all oändlighet. Som liten skolpojke var det förbjudna och spännande ord som man kunde använda sig av om det inte fanns någon vuxen i närheten som kunde lära en veta hut. Man var stenhård och tuff, lite som en Clintan på skolgården fast med pottklippt hår, pipig röst, skor med kardborr och noll skäggstubb. Under min uppväxt hade jag en kompis som hade skivan med Magnus & Brasses finstämda alster "Svordomsvisan". Detta var verkligen världens busigaste låt och man lyssnade lite i smyg! Den är inspelad 1976, men håller än idag. Om du fortfarande har Spotify igång sedan du i förordet blev ombedd att lyssna på Carola kan jag rekommendera dig att köa denna låt för att få lite omväxling. Jag kan dock varna för att språkbruket är lite annorlunda än Carolas.

I tonåren svor man så ofta tillfälle gavs och i en tonårings hjärna var det alltid tillfälle, det var ju coolt att svära. Man ville ju inte vara en tönt och man kunde ju inte bygga sin image på enbart smygrökning och buskörning av moped. Svärandet avtog i vuxen ålder och landade på en mera rimlig nivå, det var inte längre coolt att låta som en wannabe fjortisgangster. Det är väl det vanliga i vuxenvärlden? Man svär lite till husbehov? Mängden fula ord minskade ytterligare när jag blev småbarnspappa men har nog börjat öka igen nu när barnen blivit äldre och jag märkt att det inte hjälpte att pappa sällan svor.

Så vad ska då boken egentligen handla om? Hittills har den handlat om vad den inte ska handla om och det håller ju inte. Jag kan inte fortsätta i all evighet med att hålla bokens syfte och ämne höljt i dunkel för dig som läsare. Tiden är kommen, det är dags att plocka upp kaninen ur cylinderhatten!

Syrenberså. Det är ett vackert ord! Inte bara för ordets innebörd, att ordet luktar blommor, sommar och trevliga fikastunder i trädgården. Ordet ligger även snyggt i munnen, med sitt trevliga urval av vokaler. Snökristall är också ett vackert ord. Det tycker till och med jag som egentligen avskyr vintern. När de vackraste svenska orden ska röstas fram är det ofta ord från naturen som vinner, exempelvis förgätmigej, fjäril och naturskön.

Kvarskatt, nageltrång, ösregn, skavsårsplåster, nitlott, november, tarmvred och dansband är enligt mig exempel på fula ord. Just fula ord ska boken handla om, men en annan sorts fula ord.

Foto: Pixabay

Boken ska helt enkelt handla om svordomar, våra klassiska gamla svärord. De ord som enligt mig utgör själva kärnan av svordomar, de ord som vi alla får upp om vi blir ombedda att tänka på ett svärord. Fan, jävlar, satan och helvete för att nämna några vackra exempel. Det ska även handla om varianter av dessa ord som förr användes när man inte riktigt vågade svära. En del av dessa har fallit i glömska. Andra används ännu idag, men oftast på ett ironiskt vis. Sjuttsingen så roligt!

I Skandinavien finns ett särskilt svärande med hjälp av siffror, exempelvis "sjutton", "attan" och "tusan". Detta udda sätt att svära på ska vi absolut avhandla. Det är en viktig del av boken tycker jag, det är av yttersta vikt att man använder sig av rätt siffra när det är dags att svära. Får du punktering på cykeln utanför ICA har det en annan effekt än du tänkt dig om du högt och tydligt vrålar "fem!" för att du blir tvungen att leda cykeln hem.

Nu växlar vi spår och låter boken handla om det den ska handla om. Hög tid då ett helt kapitel gick åt till annat. Vi ska ju avhandla svordomar för Sören! Mitt mål med denna bok är att du som läsare ska lära dig svära som en statist i en pilsnerfilm. Efter att ha läst detta litterära verk ska du kunna utbrista i ett "jöstrika", med självklar pondus när du har råkat hitta ett bordsben med lilltån. Det är synd om våra kära gamla svordomar faller i glömska och byts ut mot engelska glosor och vi alla låter som en bitter hiphop-artist som förväxlat tuff attityd med talang.

Foto: Pixabay

Komplett hiphop-artist med keps på sniskan, tjockt halsband i låtsasguld, kläder som ljuger om en sportig livsstil och säkerligen en livssyn som tvingar honom att sjunga om "hoes", "bitches" och "motherfuckers" i varannan versrad.

Så mycket annan gammal finkultur har redan dött ut och blivit bortglömt, se min lilla bok som ett försök att vårda vårt kulturarv. Det är synd om yngre och kommande generationer ska gå miste om vackra uttryck som "baske mig" och "rackarns". Med denna bok vill jag verkligen slå ett slag för våra klassiska svordomar och framförallt för de alternativ som riskerar att glömmas bort och försvinna. Gamla tiders svordomar förtjänar en andra chans! Dessa rader får säkert dig att tänka på en svunnen tid med snö på tv:n när inget sändes, hemmagjord isglass gjord på äcklig apelsinsaft, allvädersstövlar, gottepåsar som förutom enstaka godisbitar innehöll ett äpple och ett paket russin, rökande föräldrar i bilen och VHS-kassetter som tog en evighet att spola tillbaka? Jag tänker ännu längre tillbaka, till en tid då pilsnerfilmen hade sin storhetstid och folk fortfarande kunde svära med finess. Denna tids svordomskultur vill jag slå ett slag för!

Min tanke är att avhandla en svordom i taget, med en kortare text som berättar en del om just denna glosa. Se inte boken som ett komplett register över fula ord, det är inte en ordlista jag skrivit. Jag har med några glosor som jag själv använder eller önskar att jag börjar använda, du kan säkert fler fula ord än mig. Jag är ju väluppfostrad och svär rätt sällan till skillnad från dig. Även om jag i mina egna ögon svär rätt sällan så svär jag nog oftare än jag tror. I alla fall tillräckligt ofta för att reagera om jag möter folk som aldrig svär. Jag börjar alltid undra om jag återkommande pratar med någon som aldrig svär. Gör du också det? Undrar om denna person har en pappa som är frikyrklig präst, om denna person tror sig vara bättre än andra eller om det helt enkelt inte bär sig att svära om man jobbar som syslöjdsfröken eller vad nu denne jobbar med? Tillbaka till svordomarna. Svordom, eller svärord om det ordvalet känns mer bekvämt och bekant, är en typ av språkliga uttryck som en del människor upplever som motbjudande eller stötande, vilket gör att de kan användas som kraftuttryck. Reagerar ingen på ditt ordval blir det ju verkanslöst att svära.

Lite som att skjuta blankt i en revolverduell eller att salta utanför tallriken. Användandet av svordomar som förstärkningsord kan ibland vara vanskligt då det kan uppfattas som ouppfostrat och ohyfsat. Svordomar förekommer nästan inte i det formella språket då orden är tabubelagda. Det är detta "förbud" som ger svordomarna sin laddning. Användande av svordomar i formella sammanhang upplevs ofta som ett tecken på bristande bildning och dåligt ordförråd. Svordomar har en rätt viktig funktion i det vardagliga språket där ett välavvägt och fantasifullt användande kan förmedla känslor på ett sätt som det kan vara svårt att lyckas med utan svordomar. Att aldrig svära kan göra ditt språk lite platt och tråkigt om du frågar mig. Ibland behövs det verkligen ett litet "helvete" eller två för att få fram sitt budskap med önskad kraft och leverans. Tänk dig någon som berättar en historia om när det verkligen gick åt helvete, utan att använda en enda svordom! Mer mellanmjölk och Rick Astley kan det knappast bli! För att förstå min liknelse kan det vara bra att köa låten "Never gonna give you up" och avnjuta denna tillsammans med ett lagom stort glas mjölk. Använd helst inte sugrör för att få till en optimalt lagom upplevelse. Svordomar förekommer i alla språk, i alla åldrar och i alla socialgrupper. Användandet skiljer sig mellan grupperna i omfattning, val av svordomar och när det anses lämpligt att svära. Statistiskt sett svär svenskar relativt lite i jämförelse med exempelvis amerikaner. Äldre svär inte lika mycket som yngre, män svär mer än kvinnor och personer med lägre utbildning och låg inkomst svär statistiskt sett mer än de med lång utbildning och hög lön.

Enligt gammal svensk folktro var svordomar farliga. Om en svordom yttrades under åska kunde såväl blixt som dunder öka i intensitet eftersom svordomen innebar att naturens krafter blev utmanade och uppretade. Man skulle aldrig svära över elden, för om den vid ett senare tillfälle kom lös i ens hus skulle det inte gå att stoppa den. Exemplen är många och folk vågade inte riktigt svära lika obehindrat som vi gör idag. Man löste det genom att använda andra ord som man gav samma betydelse. Några av dessa ord kommer med i kommande kapitel.

När jag skriver denna lilla bok cirkulerar svordomar i mitt huvud lite oftare än det brukar göra. En tanke som slår mig är att jag använder mina återkommande svärord på olika vis. Vissa används för att förstärka det positiva och andra enbart till att spy galla eller vråla i affekt med. Som exempel, kan nämnas orden "jävlar" och "fan". Jag använder ofta "jävlar" för att krydda något positivt, men "fan" har nästan alltid en negativ laddning.

"-Jävlar vad gott!"
"-Fan vad äckligt!"

Har du en liknande uppdelning eller kommer dina svordomar helt random och lite oplanerat?

Överlag så tror jag att de flesta av oss har sina favoriter bland svordomarna. Vi har kanske två uppsättningar med favoriter också? Ett register med mildare ord som fungerar att använda på jobbet eller med barn i närheten och en vokabulär till sammanhang där hämningar inte anses behövas? Har du en uppsättning med finare, lite lagom svärord och en uppsättning som används när det går bra att öppna portarna på vid gavel och svära värre än en frustrerad pensionär med en krånglande laptop? Vad ska då nästa kapitel handla om? Tanken är att nu när vi avhandlat svordomar i stort ska vi helt enkelt lära oss en del om de svordomar som enligt mig är kärnan av fula ord. Våra klassiska fula ord och framförallt ska vi lära oss en del bra-att-kunna-varianter av dessa! Att odla grönsaker i pallkrage har blivit en folkrörelse, gammal lump kallas vintagemode, att cykla överallt är trendigt klimatsmart, vi har det kallt inomhus av ekonomiska skäl och och att se ut som en ogift farbror på 60-talet kallas att vara hipster. Kan vi inte ge våra gamla retrosvordomar samma kärlek som dessa exempel där vi återgått till gamla tiders vanor och levnadssätt? Ät lite mandelkubb, drick en Pommac och svär lite för dig själv. Övning ger färdighet.

Svordomar som är hämtade ur religionen och refererar till djävulen och helvetet har länge varit laddade. De är om dessa boken ska handla om, våra kära gamla svordomar! Vi går ut jävligt hårt, bokens första glosa blir helt enkelt "jävlar". Ett för mig självklart och inte så oväntat val, kanske en total jävla överraskning för dig.

Foto: Pixabay

På bilden ser du en 1500-tals riddarhjälm föreställande djävulen. Jävlar vad rädd jag hade blivit om jag mött denna på slagfältet! Jag är dessutom rätt kass på att slåss med svärd så jag har två anledningar till min rädsla. Hade jag levt på 1500-talet hade jag garanterat varit död redan. Att avbilda djävulen för att skrämma andra var fantastiskt gångbart en gång i tiden och fungerade hyfsat väl ända in på 1980-talet. Varenda hårdrockare med tuperat hår poserade med en blodig fläskytterfilé i handen, nitar och djävulstecken och flörtade lagom vilt med satanismen för att vara lite farlig och sälja fler LP-skivor. Detta styckes information om mina svärdfärdigheter och min förmåga att överleva på slagfältet får vi se som en liten parantes som inte riktigt har med boken att göra. Egentligen så är hårdrockarnas köttvaror också lite ovidkommande.

Förutom den självklara svordomen ska jag till varje glosa även försöka få med några varianter som använts när man inte ville eller vågade ta i från knäna och fullt ut ventilera sin vrede, sin sorg eller glädje eller vad man nu hade för ursäkt för att låta som någon som nyss fått fakturan på rotfyllningen. Dessa omskrivningar kallas för eufemismer, ett ord jag rekommenderar dig att inte lägga på minnet. Eufemismer är förskönande, förmildrande eller beslöjande omskrivningar, ofta för saker som anses oangenäma, anstötliga eller tabu. Jäkla bra grej för er som tycker att det är lite maffigt att svära på riktigt.

Flera av dessa nästan-svordomar kan idag kännas lite förlegade och töntiga. Man svär men inte riktigt på riktigt. Lite som att äta mikropizza på nyårsdagen. Visst äter man pizza, men inte riktigt på riktigt. Det är kanske just detta som är bokens essens? Jag slår ett slag för svordomarnas mikropizza? Sällan äter man mikropizza och utbrister "fan vad gott", men man kan kanske kosta på sig ett "böveln vad gott"? Eller så är det helt enkelt bara rackarns sorgligt med mikropizza och har inget med denna lilla bok att göra?

Foto: Pixabay

Kvinna som äter mikropizza. Om det är en syslöjdsfröken eller ej förtäljer inte historien, information om yrke saknas helt enkelt. Ananasen verkar hon ha pillat bort, den syns inte i bild.

3. Jävlar!

Jävlar! Djävlar!
Med eller utan bokstaven d är en smaksak, ibland kan det här med rättstavning vara en djungel men just här kan du inte göra fel. Ordet i sig är plural av ordet jävel (djävel). Uttrycket har sitt ursprung hos hin håle själv och då menar jag inte någon ondskefull fluortant. Djävulen är den mytologiska gestalt som i zoroastrisk, judisk, islamisk och kristen föreställning representerar och personifierar det onda. Mer om

denna mytomspunna och väl omskrivna figur hittar du under texten om satan. Som svordom har ordet funnits sedan 1500-talet och antagligen längre.

Foto: Rickard Ljunggren
I svenskan finns det många omskrivningar för djävul, till för de som gärna vill undvika att använda ordet. Det är uttryck som den fule, den gamle, den lede, den onde, den sure, hin onde, hin håle, Gamle Erik, Horn-Erik, Gammal-Hans, Håkan, Horn-Petter, Horn-Per, Röde-Petter och Svarte-Petter för att nämna några. Håkan är en lite överraskande svordom. Lika oväntad som ett påskägg i augusti, men lika rimlig som en dubbel sträng sötstark senap på korven. Håkan blev hos mig en självklar favorit när jag sökte fakta till denna bok, men jag tror

att få människor förstår vad man vill ha sagt om man i modern tid vrålar "Håkan" när man bara får fyra rätt på hästarna.

Och för dig som inte riktigt vågar använda originalglosorna kan jag erbjuda följande: Jäklar! Djäklar! Jäkel! Djäkel! "Djäkel" är ett fint gammalt ord, från fornsvenskans "dyäkel". Som svordom är det ungefär lika gammalt som inspirationskällan "djävlar". "Djäkel" är helt enkelt en eufemism (där är det ordet igen!) till för dig som tycker att det är lite skarpt att utan försköning kalla någon för "jävel" när denna råkar ta sista pinnglassen i frysen.

"Djädrar" och "jädrar" är en variant på detta, men verkar finnas i skrift först på 1800-talet. Idag använder vi mest detta när vi vill visa lite jädrar (jävlar) anamma. Uttrycket har fått en annan betydelse än det hade förr. I sammansättningar som "djävlar anamma" uttalades en gång i tiden en önskan att djävulen måtte gripa eller ta någon och ordet "anamma" anknyter till "förbanna". Att idag visa lite jävlar anamma handlar om att visa djärvhet, mod, kamplust, fräckhet, dristighet, kraft och temperament.

"Knävel" är ett ord nästan lika vackert som "syrenberså" från sidan 17, men mera användbart. Jag har oftare anledning att kalla någon "knävel" än bjuda folk att sätta sig och ta en kopp kaffe i min icke existerande syrenberså. Ordet har sitt ursprung i tyskan och betydde då lymmel och tölp. En parantes kan vara att "knävelborrar" är ett annat namn på en mustasch. Jävla mustasch! tänker du kanske nu, men det är en annan sorts "knävel". Knävel kallas den typ av stång som brukar bindas tvärs över nosen på djur för att de inte ska kunna ta sig genom stängsel. Det används lite skämtsamt om en stor mustasch med bockade ändar.

"Jämrans" kan vara användbart ibland, ett ruskigt lagom ord. Lite modernare ersättningar är "järnvägar" och "järnspikar". Perfekt för dig som vill verka världsvan, charmant och modern!

4. Satan!

Satan! Ordet ligger bra i munnen! Satan är en filur med många olika namn. Satan kallas också för djävulen, Belsebub, hin håle, Lucifer, den onde eller något av de namn du hittade i texten om jävlar. Fler smeknamn finns säkert, kärt barn har många namn. Satan är det ondas furste i tillvaron, helt enkelt högsta hönset i de styggas team. Satan (djävulen) förekommer i flera religioner, det är en populär figur. För de flesta kristna tros han vara en ängel som gjorde uppror mot Gud och den som talade genom ormen och förledde Eva till olydnad mot Guds befallning. Hans slutgiltiga mål är att leda människorna bort från Guds kärlek - att leda dem till att göra sådant som Gud motsätter sig.

Ordet kom till Sverige med kristendomen. Satan anses vara det ursprungliga namnet på djävulen, ordet betyder motståndare/fiende på hebreiska. Som svordom är det perfekt! Det ger ju verkligen kraft att ropa ut namnet på de styggas furste! I svunna tider vågade man inte alltid detta. Gudsfruktan var stor och den lokala prästen var en person med makt och framförallt en person som gärna var dömande och tryckte i folk ännu mera fruktan. Uppfinningsrikedomen var stor, jag tänkte ta upp några sätt som du kan säga satan på utan att riktigt behöva säga "satan".

Attan! "Attan" har vi haft möjlighet att använda oss av sedan 1600-talet ungefär. I fornsvenskan hette arton *"adhartan"*, som sedan blev "attan" när det var dags att svära. Jag har hittat mer än en förklaring till glosan och presenterar alla tre. Arton var Odens tal och blev med tiden talsymbol för djävulen är en förklaring. Djävulens tal var (är) 666 och 6+6+6 blir arton är en annan. Fan vet vad som stämmer. Du får helt enkelt välja vad du ska tro på! En tredje förklaring är att ursprunget finns att hämta i ordet "tusan", vilket också är en trevlig gammal svordom. Ursprungligen har räkneordet tusen varit bestämning till svordomen, till exempel "tusan djävlar". Så småningom har "tusan" fått egen kraft av närheten till det egentliga svärordet och man hade ännu ett sätt att svära på utan att behöva uppröra prästerskapet. Närheten till ordet "satan" gav säkerligen ordet "attan" ytterligare popularitet, det låter ju nästan som om du svär på riktigt.

Sjutton! "Sjutton också!" En lagom svordom som fungerar redan vid frukostbordet. Det är inte belagt varifrån detta uttryck uppkommit, men det har funnits sedan 1700-talet. En teori är att det är en mildare version av "attan", sjutton är ju nästan arton. Sanningshalten i påståendet är obevisad, vi får återigen välja om vi vill tro på det eller ej. På finska säger man istället "sexton", och frasen blir därmed "fy sexton!"

Sören! "Sören också!" Ett trevligt uttryck att använda när det går åt skogen. Djävulen kunde också heta Sören i Skåne och Danmark förr. Istället för "för satan" kunde man säga "för Sören".

Satiken! "Satikens" ursprung verkar inte bjuda på någon historia, det är nog helt enkelt bara ett påhittat ord som lät nära satan.

"-Åh, din satikens klösekatta!"
Repliken citerades över hela Sverige 1976 och "satiken" har fastnat hos oss sedan dess. Hela Sverige satt som klistrade för att följa Sven Wollters äventyr som indelte soldaten Rask i tv-serien "Raskens". Repliken speglar väl den tid som soldat Rask levde i, att säga "satan" var inte att tänka på. En bra vardagssvordom som fungerar i många sammanhang.

Här i Skåne där jag bor har vi det dialektala "sakeren" som uttalas "sakårrn". Ordet lär ha tyskt ursprung.

Sablar! Lite som kapten Haddocks "bomber och granater". Förr användes en del krigiska glosor även till annat och en del har levt kvar till vår tid. Du kanske tycker det är knivigt med ord som har mer än en betydelse, jag tycker det är kanon. I just fallet med "sablar" är det en trolig sammansmältning av "satans" och "djävla".

En liten allmänbildande passage som inte har med boken att göra, men som får vara med som exempel på krigiska termer: Deadline är ett ord som används flitigt i arbetslivet numera, kanske inte riktigt en svordom även om det kan kännas så ibland. Termen deadline härrör från fångläger under amerikanska inbördeskriget och syftar på en gränslinje. Den fånge som överträdde denna gränslinje kunde bli skjuten av lägervakterna.

Decimera är ett annat populärt jobbfloskelord, det var ett grymt straff för romerska legionärer som flytt från fienden. Man valde ut var tionde man och de andra fick order att slå ihjäl honom.

Så även att hugga i, vi använder det uttrycket på jobbet ibland utan att tänka på vad vi egentligen säger. Nu halkade jag iväg något, nedrans så lätt hänt! Vi får återvända till svordomarna, det är fan på tiden.

Foto: Pixabay

5. Fan!

Ja, vad fan ska jag fylla denna sida med? Ordets ursprung finns det inte mycket att säga om, det är ännu ett ord för djävulen. Det blir fasen inte lätt detta! Ordet kommer från fornsvenskans *"fanden"*, *"fänden"*, och *"fennen"*. "Fan" är känd som svordom sedan 1400-talet.

"Måla fan på väggen" är ett uttryck vi gärna använder, men få av oss vet kanske vad det är vi egentligen säger. En äldre version av "måla fan på väggen" är "när man målar djävulen på vägen, kommer han". Uttrycket syftar på att olyckan händer när man beskriver det som en bild. Detta går tillbaka till den gamla tron att något hemskt händer om man pratar om det.

"Fan och hans svettiga moster" är ett uttryck som ligger mig varmt om hjärtat. Just att klä på svordomen lite är något som jag gärna gör, det ger mig utökad tid att pysa ut ångan på. Prova det! Det blir lite mera poetiskt och belevat, du hinner dessutom bli av med mer mentalt övertryck innan du stänger näbben igen.

Eufemismer till "fan" finns det gott om! Inte helt sällan lägger man till ett "fy" framför, både till "fan" och till den mildare ersättningsglosan. Här tänkte jag erbjuda en fin bukett av ersättningar, försök att växla mellan dessa för ett mer varierat språk. Till dig som vill låta lagom mustig och grovkornig kan jag presentera "fabian", "faderullan", "fanken", "fasiken", "fasingen", "farao", "fanders", "Fagerlund" och "fanjunkaren". De två sista borde nog fasiken vara de som mest fallit i glömska. "Fagerlund" dyker upp som svordom på 1930-talet och försvann mer och mer från 60-talet och framåt. I dagens avmilitariserade Sverige har nog ordet "fanjunkare" försvunnit ur de flestas ordförråd. "Fanken" har vi kunnat vråla sedan 1700-talet och det betyder egentligen liten fan, på samma sätt som fröken betyder liten fru.

6. Helvete!

Helvete kommer från fornnordiskans *"hel"* som betyder dödsrike och ordet *"vite"* som betyder straff. Det är helt enkelt platsen där du straffas efter döden om du betett dig som en illbatting och det har du säkert. Vi andra kommer till himlen, men antagligen inte du. Har "Toccata och fuga i d-moll" tystnat kan det vara på sin plats att starta den igen för att hitta den rätta känslan inför ditt framtida boende. Föreställningen om

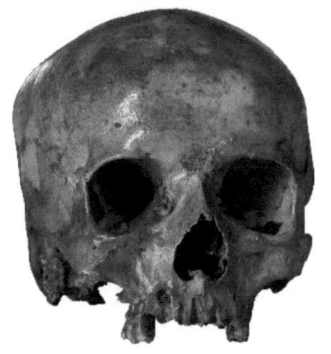

helvetet är absolut inte unik för kristendomen. Helvetesläran hittar du även inom asatro, buddhism, judendom och islam och säkert inom all religion som haft ett behov av att skrämma troende till lydnad och ett väluppfostrat levnadssätt. Helvetet är enligt många olika religioner den plats där döda människor lider evig

Foto: Pixabay   fördömelse av onda gärningar och ont leverne under livstiden på jorden. Kanske lite synd att du fick reda på detta först nu?

"Helvete" verkar ha funnits i vårt ordförråd sedan 1200-talet minst. Ordet är bildat av två fornsvenska ord. Första halvan kommer från fornsvenskans *"hel"*, *"häl"* vilket är namn på det hedniska dödsriket. Ordet är släkt med "håla", helvetet döljs i en håla med andra ord. Detta lever kvar, alla vet vi att helvetet ligger i underjorden. Andra halvan kommer från fornsvenskans *"vite"* som betyder straff/böter. Detta *"vite"* lever fortfarande kvar i vårt språk. Vite är ett pengabelopp som privatpersoner eller företag kan få betala om de inte följer vissa typer av förbud, ålägganden eller andra beslut. Ordet *"vite"* i sig är väl ingen svordom, men ger säkert upphov till många och långa ramsors.

"Åt helvete" säger du säkert ibland? Vad menar du med det? Åt du eller du slänger dig med uttryck som du inte har riktigt koll på? "Åt helvete" är ett ålderdomligt uttryck, åt var förr i tiden den vanliga riktningsprepositionen i uttryck som "resa åt något ställe". Man reste inte till Gotland, man reste åt Gotland. "Barkar åt helvete"? Barkar? "Barkar åt skogen"? "Åt" betyder ju "till" lärde vi oss nyss, "barkar" betyder att springa eller rusa i väg. "Barka åt helvete" betyder helt enkelt att något går (springer!) åt (till) helvete. Illa går det och fort går det.

Känner du att det är lite läskigt att säga "helvete"? Är du rädd att det ska straffa sig direkt med ett så fult språk? Att det kan bli ungefär som att kittla sig själv under näsan med en nässla? Lite skönt först, men sen kaosartat och ångerfullt? Vill du kanske vara lite mera salongsfähig eller är du rädd att din gamla mamma hör dig? Ersättningar finns naturligtvis! "Helsefyr" låter ju lite småtrevligt och radhusförnämligt. Ordet kan ha sitt ursprung i tyskans "helschvur" som rakt översatt blir "helveteseld". Ordet "vur" finns kvar i svenskans "fyr". "-Har du fyr?" är kanske inte ett uttryck som ligger i tiden, vi röker ju inte längre i samma utsträckning. Inte ens i bilen, men kanske ibland i Webern? Känns det snobbigt med "helsefyr" kan jag istället rekommendera det vardagliga "helsike" eller "helskotta". Har du ett förflutet som geografilärare eller orienterare föredrar du kanske uttryck som "Häcklefjäll" eller "Hälsingland"?

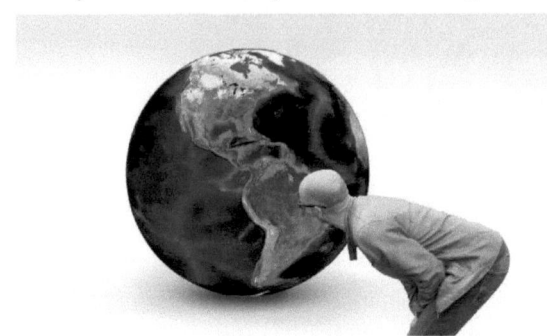

Foto: Pixabay

31

7. Bubblare

Jösses! Ett kapitel till! Det fick bli ett kapitel till, tillägnat snygga svordomar från förr som annars riskerar att falla i glömska. "Jösses" är en sådan och i detta fallet handlar det om en omskrivning från svunna tider. Vid sekelskiftet mellan 1800- och 1900-talet kunde man säga "jösses" istället för Jesus, men det ansågs mycket vågat att använda sig av kraftuttrycket. På vissa dialekter sade man "jestanes" istället för "jösses".
"Kors i jisse namn" är ett annat exempel på jesusersättningar som vi är för dåliga på att använda oss av nu för tiden. Fler finns säkert men du kommer rätt långt bara genom att variera dig mellan dessa två. Vill du ha lite inspiration kan du starta

Spotify igen och köa Jigs gamla dunderhit "Kors i jösse namn". En både trall- och dansvänlig bit från dansbandens gyllene era. Jestanes vad det svänger! Baske mig rätt bra med dansband eller? Nej. Nedrans vad dåligt det är.

Foto: Rickard Ljunggren

"Baske" är förresten en kortversion av "förbaske" som i sin tur är en lagom variant av "förbanna". Idag används ordet mest när man pratar om sig själv, *"-jag är förbannad"*, eller när man utbrister "förbannat!". Det är sällan man försöker förbanna andra i modern och sekulariserad tid. Även detta ords ursprung kan vi hitta i fornsvenskan och om jag förstår det rätt handlar det från början om att bannlysa någon. Fast jag har haft fel förr. Förutom "förbaskat" finns det gott om pilsnerfilmsglosor som ersätter "förbannat" och som bara väntar på att du ska börja använda dem. Jag har med ett lagom urval, jag hittade rätt många eufemismer. Använd dem försiktigt, lagom och ansvarsfullt. Det är alltid lätt att det går till överdrift när man vill glänsa med sina nya språkkunskaper. Orden böjs ungefär som originalglosan. "Blixtförbaskat", "flyförbaskat", "förbistrat", "förnicklat", "förbankat", "fördubblat", "förbenat", "fördömt", "förbålt" och "förblånat".

"För böveln" har en självklar plats i denna bok! Frågan är vad en "bövel" är för något? "Böveln" är helt enkelt en förvrängning av "bödeln", som vi har haft glädjen att kunna använda oss av sedan 1600-talet ungefär. "Tusan bövlar!" är ju ytterst användbart i många vardagssituationer, inte minst när man hittar ett tomt mjölkpaket i kylskåpet. Bödeln ansågs i forna tider som en mycket lågt stående varelse, närmast en ond makt i klass med djävulen. På den tiden då Sverige hade dödsstraff undvek man att direkt använda ordet "bödel". Att använda andra ord på denna person var ett sätt att undvika de farligheter som ordet var förknippat med, precis som det ansågs farligt att svära. Rackarns så intressant! "Rackarns"?

Foto: Pixabay

Rackarns! Nattmannen eller rackaren var den som utförde samhällets värsta sysslor. Han tömde latriner, sotade, hjälpte bödeln vid avrättningar, byggde likbål och samlade upp kroppsdelarna från avrättade. Han begravde självspillare i skogen och fick slakta och flå hästar samt avliva hundar och katter. Uttrycket "ta en rackare" för en snaps kommer sig av att då hästslaktaren kom på besök och skulle ha sin slaktarsup serverades denne i ett speciellt spetsglas på ben och fot. Detta glas var enbart till för rackaren som ansågs vara oren och ingen annan drack någonsin ur det glaset. Ännu idag händer det att vi tar en rackebajsare, men numera låter de flesta av oss bli att behandla folk illa baserat på deras yrkesroll.

En parantes som har med rackaren att göra, men inte med svordomar att göra, är att han ibland kunde kallas flåbuse. En flåbuse är från början inte en person som ligger i 58 på 50-väg och riskerar liv och hälsa för all sin omgivning.

Foto: Pixabay

Det var en person som i arbetet flådde huden på döda kreatur och därefter grävde ner deras kroppar för att dessa av någon anledning inte var lämpliga som föda.

"Racksingen" finns också som trevlig svordom, från början var det benämningen på en liten rackare. Samma snygga sätt att förändra ett ord hittar du bland annat i "fasingen", "sjuttsingen" och "attsingen".

Nu vet ni vilka rackarungarna var! "Rackartyg" och "sattyg" då? Tyg? Bägge orden har samma betydelse, busiga påhitt med småelakt uppsåt. Helt enkelt något jävelskap som rackarungar (eller ännu värre, satungar) gör. Varianten "otyg" finns också, men ligger inte lika bra i munnen. Ordet "tyg" som är med och bildar dessa glosor har inget med gabardinbyxor eller andra klädesplagg att göra. Ordet "tyg" har flera betydelser, i sammansättningar som dessa betyder det något obehagligt, besvärligt eller skadligt. Särskilt om övernaturliga väsen (fan och hans moster?) är involverade.

I början av boken skrev jag om kapten Haddock och hur han svär utan att egentligen svära. Helt stämmer inte detta påstående som har blivit något av en gammal sanning. "Anfäkta och anamma" är ju återkommande speord från honom, faktum är att "anamma" kommer som så mycket annat från fornsvenskan och är ett inte helt rumsrent ord. Ordet användes från början ofta i uttrycket "fan anamma", vilket var en önskan om att fan skulle gripa eller ta någon. "Anamma" anknyter direkt eller indirekt till 'förbanna", något att tänka på när vi idag använder det i vår jobbfloskelvokabulär och anammar nya idéer och arbetssätt. Vill chefen att vi ska förbanna nya idéer?

Fy bubblan vad vi lärt oss mycket nu! Förbaskat intressant och lärorik bok! Det viktiga är att vi nu hjälps åt att ge dessa vackra gamla ord en självklar plats i samhället. Svär på bussen när du blir ombedda att lösa biljett! Ring din lokala banktjänsteman och svär högt i luren! Lägg in ett "fasiken" och ett par "jädrar" när du är på kvartssamtal i skolan! Gå på bingo och hojta "attan" efter varje nummer som ropas upp! Kalla grannen för "din knävel" varje gång ni möts! Cykla förbi ett dagis och vråla ett gäng trevliga glosor!

8. Tack som fan

Tack för att du valt att läsa min allmänbildande, men något röriga, bok inom det smala ämnet svensk språkhistoria! Jag kan inte svära på att all fakta i boken stämmer, men jag kan lova dig att jag själv tror att all fakta i boken stämmer. Grammatiskt gör jag så gott jag kan, men något fel har säkert slunkit igenom.

Min förhoppning är att du som läsare ska ha breddat din burleska svada nu när vi har nått till bokens sista kapitel. Tanken är att du vid det här laget ska ha två register att använda dig av, ett till vardags och ett när du verbalt behöver vara lite mera finklädd. Vi har enbart skrapat på ytan i denna bok. Många svordomar har jag missat eller valt bort, många svordomar har fler ersättningar än jag känner till. Se boken som en inkörsport och starten på ditt nya liv med en vokabulär som får vilken hästhandlare som helst att bli röd om kinderna.

Ett mustigt vardagsspråk behöver vi alla, ingen av oss lever ett liv som saknar situationer där svordomar krävs. Lyckliga filter ska du använda dig av på Instagram när du visar upp ditt lyckade liv och din fantastiska vardag med bullbak och vattenkammade ungar. Ska du överleva som människa måste du i vardagen använda svordomar som en pysventil.
Unna dig en svordom ibland! Det gör jag!
Visst är det lite befriande att svära ibland? Hade jag inte använt mig av svordomar i vardagen hade jag nog fått sova med bettskena.

Tack ännu en gång!

Rickard